VENTE DU 21 JANVIER 1904

HOTEL DROUOT, SALLE N° 10

TABLEAUX ANCIENS

& modernes

Me GARNAUD, Commissaire-Priseur

M. Georges MEUSNIER. Expert

EXPOSITION PUBLIQUE LE MERCREDI 20 JANVIER 1904

PARIS. — IMPRIMERIE C. CHAUFOUR

8-10, Rue Milton. 8-10

88 TABLEAUX

Anciens et Modernes

AQUARELLES — DESSINS

par ou attribués à

Booth, Mierevelt, Van der Ner, Ruysdael, Wynants, Ayrton
Ballavoine, Barillot, Delaunay
V. Dupré, Gervex, Guillemet, Lopisgisch, de Los Rios
Merolda, H. Picou, Pierrat, P. Robert, D. Rosier, Vollon, etc.

Composant la Collection de M. N...

TABLEAUX ANCIENS ET MODERNES

AQUARELLES, DESSINS

APPARTENANT A DIVERS

par ou attribués à

Allongé, Greuse, Gryff, Guiès, Karl-Robert, Le Blant, Monticelli
Mettling, J. Vernet, etc.

dont la vente aura lieu à Paris

HOTEL DROUOT — SALLE N° 10

Le Jeudi 21 Janvier 1904

à 2 heures

PAR LE MINISTÈRE DE

Mᵉ Louis GARNAUD, Commissaire-Priseur

6, Rue Ribboutté (Square Montholon)

ASSISTÉ DE

M. Georges MEUSNIER, Expert près les Tribunaux

22-27, Rue Saint-Augustin

EXPOSITION PUBLIQUE

Le Mercredi 20 Janvier 1904, de 2 heures à 6 heures

CONDITION DE LA VENTE

La vente a lieu par suite de départ.

Elle sera faite au comptant.

Les acquéreurs paieront 5 o/o en sus des prix d'adjudication.

L'exposition mettant le public à même de se rendre compte de l'état et de la nature des tableaux et dessins compris dans ce catalogue, aucune réclamation ne sera admise une fois l'adjudication prononcée.

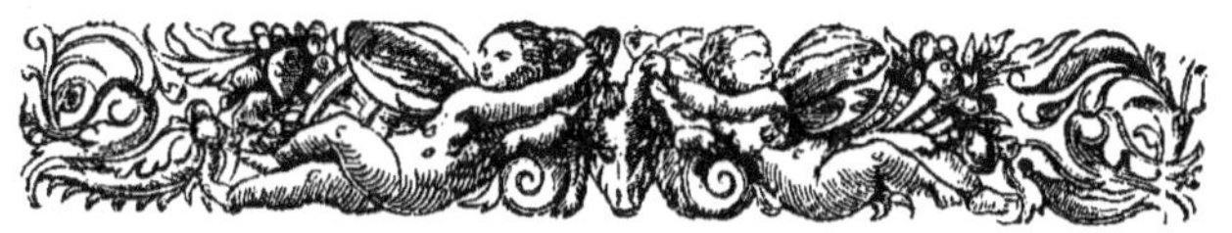

DÉSIGNATION

I. — Collection de M. N...

1° TABLEAUX ANCIENS

BOOTH (J.)

1 — *Paysage animé.*

Toile. 85×75.

ECOLE FRANÇAISE DU XVIIIᵉ SIÈCLE

2 — *Daphnis et Chloé.*

Toile. 62×76.

FRAGONARD

3 — *Paysage animé.*

Toile. 33×22.

MIEREVELT

4 — *Portrait d'homme.*

Toile. 73×55.

VAN DER NEER (A.)

5 — *Effet de lune.*

Bois. 52×40.

6 — *Marine.*

Bois. 37×24.

NETSCHER (G.)

7 — *Dame de qualité partant en promenade.*

Monogramme à gauche.

Bois. 64×53.

RUYSDAEL

8 — *Le Torrent.*

Bois. 89×66.

9 — *Le Torrent sous bois.*

Bois. 42×34.

TENIERS Fils (D.)

10 — *La Tentation de saint Antoine.*

Signé à droite.

Bois. 74×53.

WERCKS (B.)

11 — *Portrait d'homme.*

Toile. 59×73.

WYNANTS

12 — *Une vallée. Paysage avec animaux.*

Bois. 48×35.

2° TABLEAUX MODERNES

AYRTON

13 — *Le pont de Neuilly.*

Toile. 65×54.

14 — *Sur la table de Cuisine.*

Toile. 146×100.

15 — *Coquelicots et marguerites.*

Toile. 56×45.

16 — *Nature morte. Fruits.*

Toile. 41×32.

BALLAVOINE

17 — *Jeune femme assise au bord de la mer.*

Toile. 27×35.

BARILLOT

18 —. *Vaches au pâturage.*

Toile. 38×56.

BEYLE

19 — *Jeune marocaine à la fontaine.*

Bois. 55×36.

CHEVALIER (J.)

20 — *Chiens.*

Bois. 22×30.

CARRIER-BELLEUSE

21 — *Etude de danseuse.*

Pastel. 47×29.

COROT (Ecole de C.)

22 — *Paysage.*

Signé à droite, illisible.

Toile. 33×48.

DECAMPS

23 — *Etude.*

Carton. 29×19.

DELACROIX

24 — *Turc fumant.*

Bois. 24×27.

DELAUNAY (E.)

25 — *La Forge du 13e d'artillerie, à Vincennes.*

Toile. 115×145.

DIAZ (Genre de)

26 — *Paysage avec figures.*

Toile. 46×37.

27 — *Allée sous bois.*

Bois. 16×13.

28 — *Sous bois.*

Bois. 16×13.

29 — *Jeune Pêcheuse et enfant.*

Bois. 43×47.

DUPRÉ (V.)

30 — *Paysage.*

Bois. 35×27.

31 — *Paysage.*

Toile. 16×21.

GERVEX (H.)

32 — *Une Loge à l'Opéra.*

Toile. 46×60.

GUILLEMET

33 — *Marine.*

Toile. 73×54.

JONGKIND (?)

34 — *Marine.*

Toile. 25×21.

GÉRICAULT (D'après)

35 — *Etude de cheval.*

Bois. 33×24.

GIVRY (De)

36 — *Vue prise à Champigny.*

Carton. 31×24.

LAINÉ

37 — *Paysage, forêt de Fontainebleau.*

Toile. 55×46.

L'HAY (Michel de)

38 — *Marine.*

Toile. 74×107.

39 — *Le Pont Marie.*

Toile. 56 1/2×80.

LOPISGISCH

40 — *Marine, vue prise à Cayeux-sur-Mer.*

Salon de 1878.
(Mention honorable.)

Toile. 115×145.

DE LOS RIOS

41 — *La Tamise.*

Toile. 110×79.

42 — *Après le duel.*

Toile. 92×150.

43 — *Nature morte, oiseaux.*

Toile. 100×52.

44 — *La Femme au masque.*

Toile. 73×91.

45 — *Le Repos.*

Toile. 73×90.

46 — *Femme tenant une vache dans un paysage.*

Toile. 80×115.

47 — *Le pavilllon Mollien après la pluie.*

Toile. 75×72.

48 — *Marine* (effet de lune).

Toile. 60×73.

49 — *Les Etrennes.*

Toile. 61×40.

50 — *Paysage et Marine.*

Toile. 54×36.

51 — *Paysage.*

Toile. 54×37.

52 — *Paysage.*

Toile. 56×38.

53 — *La Langouste.*

Toile. 46×37.

54 — *Fleurs.*

Toile. 38×46.

55 — *Fleurs printannières.*

Toile. 32×44.

56 — *Paysan breton.*

Toile. 31×35.

57 — *Fillette bretonne.*

Toile. 29 1/2×34 1/2.

58 — *Etude de Bretonne.*

Toile. 29×33.

MARÉCHAL

59 — *Paysage à Champigny.*

Bois. 32×46.

MARILHAT

60 — *Cavalier musulman dans un paysage d'Egypte.*

Toile. 30×38.

MAROLDA

61 — *Intérieur de Cuisine.*

Toile. 100×75.

62 — *Nature morte. Fleurs.*

Toile. 82×63.

PETIT (Eug.)

63 — *Fleurs.*

Toile. 50×64.

64 — *Les Chrysanthèmes.*

Toile. 46×61.

PICOU (Henri)

65 — *Le Jeu d'échecs du roi de Siam.*

Toile. 100×69.

66 — *Débordement de la Loire en 1844.*

Toile. 62×140.

67 — *L'Heureuse famille.*

Toile. 100×75.

68 — *Le Couronnement de Bacchus.*

Toile. 61×81.

PIERRAT

69 — *Les œufs sur le plat.*

Toile. 51×38.

70 — *Giroflées et violettes.*

Toile. 46×55.

71 — *Pot de pensées renversé.*

Toile. 46×33.

72 — *Les Chrysanthèmes.*

Toile. 38×46.

73 — *Fruits.*

Toile. 271/2×221/2

74 — *Les abords du Poulailler.*

Toile. 24 1/2×33.

75 — *Poire.*

Toile. 21 1/2×27.

76 — *Poules,*

Bois. 21×16.

77 — *Oiseaux morts.*

Toile. 17×27.

RIBOT

78 — *Atelier d'Artiste.*

Signé à droite.

Toile. 62×31.

ROBERT (PAUL)

79 — *Un Lansquenet.*

Toile. 54×65.

80 — *Portrait de jeune fille.*

Toile. 55×38.

ROZIER (DOMINIQUE)

81 — *L'Aiguière de François Ier.*

Toile. 81×65.

82 — *Huitres et crevettes.*

Toile. 56×46.

83 — *Pêches et raisins.*

Toile. 46×38.

84 — *Fleurs et fruits.*

Toile. 38×46.

SAUNIER (Noel)

85 — *Paysage avec figures.*

Bois. 24×18.

THABAR

86 — *Fleurs.*

Bois. 46×37.

VIGNON

87 — *Paysage sous bois.*

Toile. 41×32 1/2.

VOLLON

88 — *Nature morte.*

Toile. 22×16.

II. — Tableaux appartenant à divers

1° TABLEAUX ANCIENS

BOUCHER (Genre de F.)

89 — *Berger.*

Dessin.

BARENDSEN (Thierry)

90 — *Absalon.*

CALLET (Genre de)

91 — *Le printemps de la vie.*

Peinture décorative.

GREUZE (Ecole de J. B.)

92 — *L'Heureuse famille.*

GRYFF

93 — *Gibiers et chien.*

Cadre bois sculpté.

Toile. 66✕82.

JORDAENS

94 — *Amours.*

Cadre bois sculpté.

LANCRET (D'après)

95 — *La Déclaration.*

POUSSIN (Ecole de)

96 — *Paysage d'Italie.*

Toile 1ᵐ✕60.

MIGNARD (P.)

95 *bis* — *Portrait de Mlle de Lavallière.*

Cadre bois sculpté.

SALVATOR ROSA (Attribué à)

97 — *Batailles.*

Deux pendants. Cadre ovale.

Toile. 60✕78.

LE TITIEN (D'après)

98 — *Gravure teintée.*

Signée et datée 1789.

VERNET (D'après J.)

99 — *Vue d'un port.*

100 — *Vue d'un port.*

WATTEAU DE LILLE

101 — *Scène de village.*
Dessin.

ÉCOLE FLAMANDE DU XVIIᵉ SIÈCLE

102 — *Moine et pèlerin devisant à table.*

ÉCOLE FLAMANDE

103 — *Jeune femme tenant une fleur.*

104 à 106 — *Trois paysages.*

ÉCOLE FRANÇAISE

107 — *Portrait de femme.*

ÉCOLE ITALIENNE

108 — *Jeune mère allaitant son enfant.*

109 — *Sainte Famille.*

INCONNU

110 — *Le Joueur de cornemuse et le fumeur.*

111 — Lot de douze toiles anciennes non enca-
drées.
Ce lot sera divisé.

2° TABLEAUX MODERNES

ALLONGÉ

112 — *Un Hêtre (Forêt de Fontainebleau).*

Aquarelle.

Vue. 86×120.

GUIÈS

113 — *La Leçon de lecture.*

Aquarelle.

Vue. 31×24.

114 — *La Belle fruitière.*

Aquarelle.

Vue. 31×24.

KARL-ROBERT

115 — *Le Moulin de Jarsy, près Brunoy.*

Fusain.

116 — *Les Bords de Marne à Champigny.*

Fusain.

117 — *Au Bord de l'eau.*

Fusain.

LAGRENÉE (L.)

118 — *L'Ascension.*

Dessin.

LE BLANT

119 — *Paysage.*

LEFÈVRE (Th.)

120 — *Etude de femme vue de dos.*

MARTINAUD (Ed.)

121 à 124 — *Une Rue de village.*
Une Place de village.
L'Ecluse.
Le Labour.

MONTICELLI

125 — *Assemblée féminine par un beau jour d'été.*

Bois. 66×43.

METTLING (L.)

126 — *Le Page et la Châtelaine.*

127 — *Italienne endormie.*

INCONNU

128 — *La Lettre.*

129 — Tableaux omis au catalogue.

Paris. — Imp. C. Chaufour, 8-10, rue Milton.